PARA FILIP

TRADUCCIÓN: KAROLINA JASZECKA

SOY TU
PERRO

KASIA ANTCZAK Y KASIA FRYZA

COCO
BOOKS

¡Hola!

Soy el perro Coco y éste es un libro sobre perros, o sea, de animales como yo.

Probablemente te encuentres con muchos perros diferentes todos los días, ya sea durante los paseos por el parque o visitando a tus familiares y amigos. ¿O acaso tienes a tu propio perro moviendo la cola todas las mañanas y colándose debajo de tus sábanas?

Me gustaría contarte un poco sobre mi vida.

Como muchos otros seres vivos, tengo mis necesidades. Me gusta la buena comida, los paseos largos y jugar. Incluso tengo amigos perros y me divierte encontrarme con ellos. Me encanta husmear, descubrir cosas nuevas y dormir cómodamente. Pero a veces también me siento mal y entonces necesito ayuda. Te contaré las cosas que me gustan y otras que prefiero evitar.

Los perros también tenemos sentimientos: te explicaré como detectarlos. A veces me pongo nervioso o algo me asusta. Cuando un objeto es muy valioso para mí, lo defiendo, incluso de vosotros, los humanos. A menudo no tenéis ni idea de por qué nos enfadamos, qué nos preocupa y a qué le tenemos miedo. Este libro os ayudará a comprenderlo todo.

¡Bienvenido al mundo de los perros!

¿CÓMO LEER ESTE LIBRO?

AQUÍ TE PRESENTO UNA SITUACIÓN
SOBRE LA QUE QUIERO HABLARTE.

¿CÓMO PUEDES AYUDARME?

OPCIONES
Y EJEMPLOS

PUEDES TENER OTRAS IDEAS.
DESCUBRE CÓMO ACTUAR
EN CADA CASO.

¿QUÉ PUEDO COMER?

COMIDA
PARA
PERROS

CUENCOS

AGUA

¡BRAVO!

Llena mi cuenco con comida para perros. Es preferible dejarme solo para que pueda comer tranquilamente. Recuerda llenar otro cuenco con agua fresca.

Es mejor no darme tu comida, porque puede causarme dolor de barriga.

MI RINCÓN DE DESCANSO

MANTA

SILENCIO

CAMA

¡EXCELENTE!

Los perros dormimos mucho más que los humanos, por lo que es importante que nos dejes dormir cuando lo necesitemos y respetar nuestro sueño.

Es preferible tener mi propia cama y en un lugar fijo. A veces puedes ver que muevo las patas o hago ruidos mientras duermo. No me despiertes, porque estoy soñando.

¿CÓMO PUEDO RELAJARME?

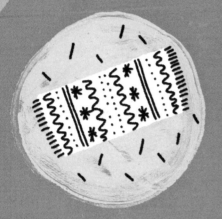

MANTA

PASAR TIEMPO
JUNTOS

LUGAR
FAVORITO

¡FANTÁSTICO!

Los perros no solo dormimos mucho, también necesitamos un descanso regular. En el momento que me acuesto, con los ojos medio abiertos, reúno fuerzas para las próximas actividades.

Cuando descanso, puedes sentarte a mi lado y contarme algún cuento.

VETERINARIO

VACUNA

JUGUETES

MEDICINAS

¡EXCELENTE!

Los perros enfermamos, igual que las personas. En ese momento debemos ir a un médico canino, es decir, a un veterinario, para que nos examine. Cuando estamos enfermos, también necesitamos medicamentos y mucho descanso. A veces, tenemos miedo al veterinario; si es así, después de la visita me puedes premiar con una golosina.

PASEO POR LA CALLE

PARQUE

COLLAR

ARNÉS

BOLSAS PARA
LA CACA

GOLOSINAS

¡SÍ!

El baño perruno está en el exterior, por eso los perros debemos salir a pasear tres o cuatro veces al día. Cuando salgamos a dar el paseo, lleva siempre contigo bolsitas para poder recoger los excrementos y una botella de agua para limpiar el resto.

Los perros usamos la orina para marcar el territorio y cada olor nos distingue de los otros, así que dame permiso para que haga mucho pipí.

¡ESTOY FELIZ! ¡SALTO Y MENEO LA COLA!

LLEGÓ LA HORA DE CLASE.

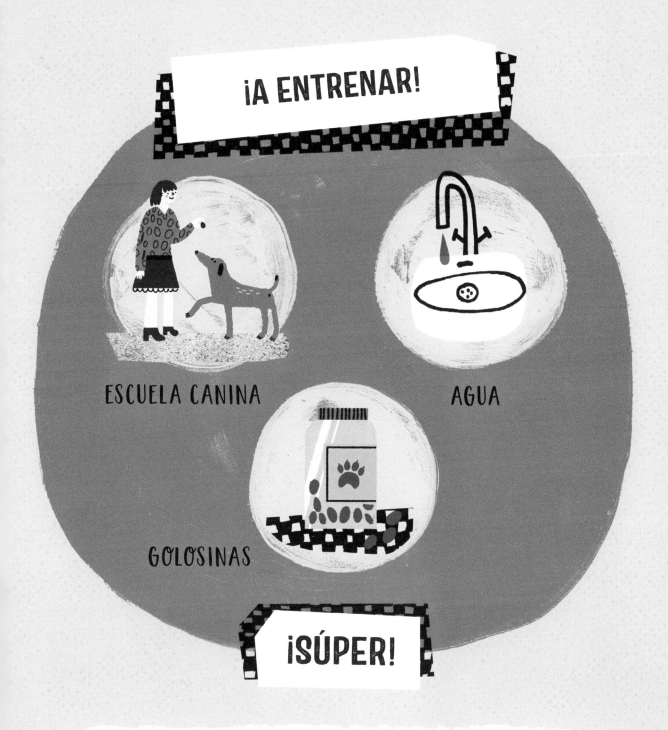

¡A ENTRENAR!

ESCUELA CANINA

AGUA

GOLOSINAS

¡SÚPER!

A los perros nos encanta aprender. Junto con tus padres, puedes llevarme a una clase en una escuela canina o también educarme en casa. Por ejemplo, puedes enseñarme a sentarme, tumbarme y a acudir a ti cuando me lo ordenes.

Si hago un buen trabajo, recompénsame con mis golosinas favoritas o con un momento de diversión juntos.

UN PASEO JUNTOS

PARQUE

UN MOMENTO
PARA CONOCERSE

SNIF SNIF

¡TIENES RAZÓN!

El contacto entre perros es muy importante, pero a algunos canes no les gusta hacer vida social. A veces es porque tienen miedo de los extraños o intentan defender a su dueño. Si tu perro es un poco desconfiado, ¡es algo bastante normal!

Déjame que huela a otros perros: es mi manera de conocernos.

¡A JUGAR Y CORRER!

JUGUETES

GOLOSINAS OCULTAS

AGUA

PARQUE

¡BUENA RESPUESTA!

A los perros nos encanta jugar con los humanos: a lanzar una pelota, correr e intentar quitarme un juguete (por ejemplo, una cuerda gruesa), o buscar golosinas. Puedes esconderlas por la casa y pedirme que las busque.

Recuerda darme de beber después de jugar.

MI OLFATO

CORREA

PROTEGER A
LAS OTRAS
MASCOTAS DE
LA CASA

DISTRACCIÓN
(JUGUETES O
GOLOSINAS)

¡CORRECTO!

Los perros tenemos un excelente sentido del olfato, por lo que percibimos
fácilmente otros animales o personas. Si tienes otras mascotas, asegúrate de que
estén protegidas mientras estoy con ellas.

Cuando vamos juntos al bosque, recuerda que, según mi carácter, si huelo a un
animal salvaje, puedo escaparme. Es preferible ponerme la correa para que los
animales del bosque no me tengan miedo. Puedes tratar de distraerme con un
juguete o unas golosinas.

UN REFUGIO
SEGURO

SILENCIO

PASAR
TIEMPO
JUNTOS

¡BRAVO!

Hay perros que tienen miedo de los ruidos fuertes, los viajes en coche o los extraños. Si me pasa esto, no me lleves a lugares que puedan despertarme pavor.

Si tengo miedo, proporcióname un refugio seguro o llévame a casa.

OIGO SONIDOS EXTRAÑOS DETRÁS DE LA PUERTA.
PUM
PUM
PUM
ESTOY PREOCUPADO.

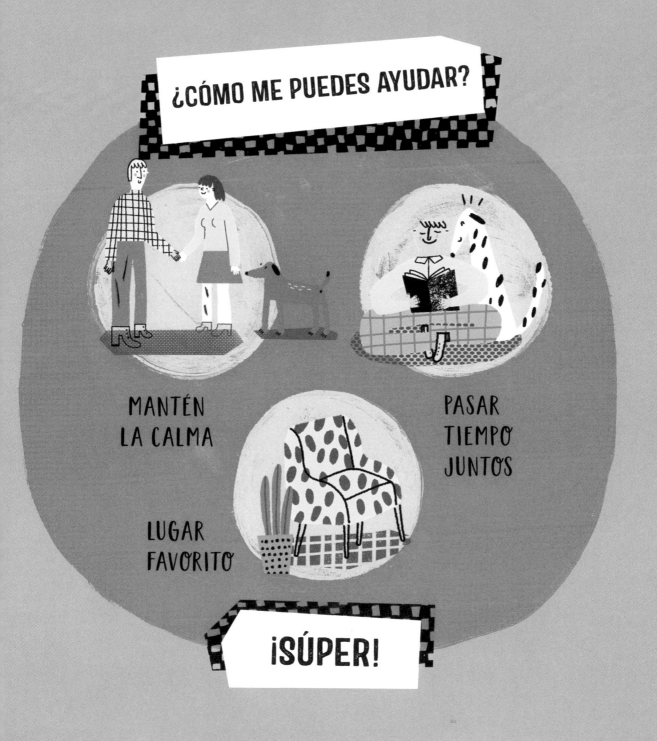

¿CÓMO ME PUEDES AYUDAR?

MANTÉN LA CALMA

PASAR TIEMPO JUNTOS

LUGAR FAVORITO

¡SÚPER!

Los perros podemos inquietarnos cuando oímos sonidos extraños, nos encontramos con otros perros o personas que no conocemos, o cuando estamos en un lugar nuevo. Si estoy inquieto, déjame esconderme en un lugar seguro y quédate cerca para que pueda olerte.

Recuerda lo que me angustia y muéstrame que puedo confiar en ti.

Nunca toques a un perro que está gruñendo. Si no me conoces bien y gruño, no me quites mis juguetes ni te acerques a mí mientras estoy comiendo. Es mejor dejarme tranquilo.

Si gruño sin razón, di a tus padres que pregunten al veterinario para saber si hace falta llevarme a un educador (que es como un psicólogo canino) o una escuela canina.

Si quieres acariciar al perro de otra persona, siempre pide permiso a su dueño.

¡UFF, QUÉ AGOBIO!

NO TOCAR

GRRR
GRRR

UN
REFUGIO
SEGURO

MANTÉN
LA CALMA

DISTANCIA

¡ESO ES!

Los perros nos sentimos mal cuando alguien nos obliga a relacionarnos, sobre todo si se trata de varias personas a la vez. Entonces, podemos gruñir, mostrar los dientes o incluso morder. Es normal, nos defendemos porque tenemos miedo.

Asegúrate siempre de que tu perro no tenga que defenderse. Pídeles a los demás que no se acerquen a él si no quiere, o llámale para que acuda a tu lado y alejaos.

CÓMO ACICALARME

PELUQUERO CANINO

CEPILLO Y PEINE

CHAMPÚ

¡EXCELENTE IDEA!

El pelo de perro, al igual que el cabello humano, requiere cuidados, por lo que debe cepillarse con regularidad. De esto puede ocuparse un peluquero de perros o tú mismo, usando un cepillo especial. En el caso de razas de perros que requieren cortes de pelo regulares, una visita al peluquero de perros será la mejor solución.

También necesito que me corten las uñas de vez en cuando. Lo puede hacer el veterinario durante la visita de control.

CUANDO YA SOY VIEJITO

SILENCIO

PACIENCIA

VETERINARIO

LUGAR FAVORITO

¡EXACTO!

Hay perros que requieren un cuidado especial, como los perros ancianos, que necesitan dormir mucho más que los jóvenes.

Preferimos dar paseos tranquilos y a veces nos podemos encontrar mal. También necesitamos ir más a menudo al veterinario. **¡Cuida mucho de tu perro viejito!**

CUIDA DE MI, POR FAVOR

LUGAR FAVORITO

VETERINARIO

PACIENCIA

UN MOMENTO PARA CONOCERSE

SNIF SNIF

¡EL PLAN PERFECTO!

Puede suceder que tu perro quede discapacitado: puede perder la vista o una pata y moverse con un carrito especial. Entonces requerirá más cuidado de tu parte.

Si ves a un perro con una discapacidad, siempre pregúntale a su dueño a qué le gusta jugar a su perro, para que sea seguro para ti y para él.

GRACIAS POR CUIDAR TAN BIEN DE MÍ.

ME HACES SENTIR QUERIDO Y SEGURO.

Kasia Antczak — Psicóloga de animales y adiestradora de perros. Sueña con vivir en el campo. Le encantan los animales, el olor del bosque y el sonido del mar. Es la mamá de Filip y cuida de sus dos perritas adoptadas: Coco y Luna.

Kasia Fryza (Katarzyna Księżopolska) — Ilustradora de Varsovia. Le encanta dibujar y viajar por Europa en una vieja furgoneta con su marido, su hija y su perro.

SOY TU PERRO
Título original, *Sos pies*
Edición española publicada por acuerdo con **Wydawnictwo Kropka**

Texto © **Kasia Antczak**
Ilustraciones © Katarzyna Księżopolska alias **Kasia Fryza**
© Wydawnictwo Kropka 2021

Traducción, **Karolina Jaszecka**
Maquetación, **Isabel Aniel**

Primera edición: 1 de julio 2023
© **Coco Books SL**
Barcelona, España
Tel. 93 269 14 04
coco@cocobooks.com
www.cocobooks.com

ISBN: 978-84-127236-1-8
Depósito legal: B 12737-2023

Impreso en España

Este libro se ha publicado con el apoyo de:

  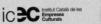